CODE

DU

VOLONTARIAT

PAR

M. ROGER

AVOCAT A LA COUR D'APPEL DE PARIS,

L'UN DES AUTEURS DES CODES ET LOIS USUELLES.

PARIS

GARNIER FRÈRES, LIBRAIRES-ÉDITEURS

6, RUE DES SAINTS-PÈRES, ET PALAIS-ROYAL, 215

CODE

DU

VOLONTARIAT

Clichy. — Impr. Paul Dupont, 12, rue du Bac-d'Asnières.

CODE

DU

VOLONTARIAT

PAR

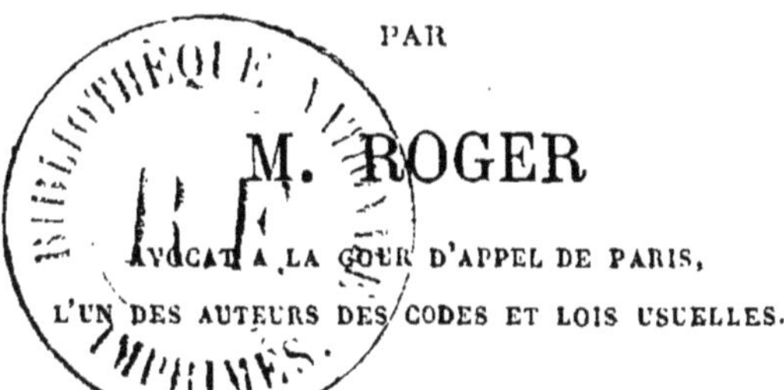

M. ROGER

AVOCAT A LA COUR D'APPEL DE PARIS,

L'UN DES AUTEURS DES CODES ET LOIS USUELLES.

PARIS

GARNIER FRÈRES, LIBRAIRES-ÉDITEURS,

6 RUE DES SAINTS-PÈRES, ET PALAIS-ROYAL, 215

CODE

DU

VOLONTARIAT D'UN AN

CODE

DU

VOLONTARIAT D'UN AN

1.. L'obligation du service militaire *personnel pour
tous les Français*, proclamée par l'article 1ᵉʳ de la loi du
27 juillet 1872, devait avoir pour effet d'introduire
dans notre législation l'institution du volontariat d'un
an, admise par toutes les nations qui ont inscrit dans
leurs lois le principe du service obligatoire.

2. *L'engagement conditionnel d'un an, ou volontariat d'un an*, a pour but d'offrir aux jeunes gens, sans
les détourner des carrières tant libérales que commerciales ou industrielles qu'ils ont embrassées, un
moyen d'acquérir des connaissances militaires suffi-
santes, de les dispenser en temps de paix d'une partie
de leur service militaire, et de leur permettre de satisfaire aux exigences de la carrière qu'ils veulent suivre,

en accomplissant leurs devoirs militaires dans un temps plus court et dans des conditions spéciales.

3. Au lieu de courir la chance du tirage au sort qui peut le placer dans la première partie du contingent et l'astreindre à cinq années de service, le volontaire d'un an est rendu à la vie civile, si, après avoir passé une année sous les drapeaux, il subit un examen de sortie prouvant qu'il a l'instruction militaire suffisante.

QUALITÉ DE FRANÇAIS NÉCESSAIRE POUR L'ENGAGEMENT.

4. Les étrangers ne sont pas admis dans les troupes françaises. L'article 7 de la loi du 27 juillet 1872 proclame ce principe en ces termes. « Nul n'est admis dans les troupes françaises, s'il n'est Français. »

Il faut donc être Français pour être admis à contracter l'engagement conditionnel d'un an.

5. Tout individu né en France ou en pays étranger d'un Français qui n'a point perdu cette qualité est Français (*Art.* 10, *Code civil*).

6. Les individus nés en France d'un étranger ne sont pas Français par droit de naissance, mais ils peuvent réclamer la qualité de Français dans l'année de leur majorité. Ils ne peuvent donc être admis à l'engagement volontaire d'un an qu'après avoir fait ladite réclamation conformément à l'article 9 du Code civil (*Inst. min. guerre*, 1ᵉʳ *décembre* 1872, n° 2).

7. Aux termes de l'article 9 du Code civil, tout individu né en France d'un étranger pourra, dans l'année qui suivra l'époque de sa majorité, réclamer la qualité

de Français, pourvu que, dans le cas où il résiderait en France, il déclare que son intention est d'y fixer son domicile, et que, dans le cas où il résiderait en pays étranger, il fasse sa soumission de fixer en France son domicile, et qu'il s'y établisse dans l'année, à compter de l'acte de soumission.

8. Cette déclaration doit-elle être faite dans l'année de la majorité fixée par la loi française, c'est-à-dire 21 ans, ou dans l'année de la majorité fixée par la loi du pays de l'étranger, c'est-à-dire 25 ans par exemple?

9. On n'est pas d'accord sur cette question, mais nous pensons que c'est dans l'année de la majorité étrangère, puisque l'enfant né en France d'un étranger est étranger tant qu'il n'a pas fait la réclamation à laquelle il est soumis pour devenir Français; il est donc soumis aux lois du pays étranger, et c'est d'après ces lois que sa majorité reste fixée et qu'il a, par conséquent, capacité pour faire cette déclaration·

10. Aux termes de l'article 1er de la loi du 7 février 1851, est Français tout individu né en France d'un étranger, qui lui-même y est né, à moins que dans l'année qui suivra l'époque de sa majorité, telle qu'elle est fixée par la loi française, il ne réclame la qualité d'étranger par une déclaration faite, soit devant l'autorité municipale du lieu de sa résidence, soit devant les agents diplomatiques ou consulaires accrédités en France par le gouvernement étranger.

11. Les individus qui se trouvent dans cette situation étant Français, mais pouvant répudier cette qualité dans l'année qui suit leur majorité, doivent,

s'ils veulent être admis à l'engagement d'un an, renoncer par avance, dès qu'ils ont atteint leur majorité, à la faculté de réclamer leur qualité d'étranger (*Inst.* n° 2).

12. Cette renonciation se fait comme il vient d'être dit, devant l'autorité municipale du lieu de la résidence ou devant les agents diplomatiques ou consulaires accrédités en France par le gouvernement étranger (*Inst.* n° 2).

13. La qualité de Français peut être réclamée aussi dans l'année qui suivra l'époque de sa majorité par l'enfant de l'étranger naturalisé, quoique cet enfant soit né en pays étranger, s'il était mineur lors de la naturalisation.

14. A l'égard des enfants nés en France ou à l'étranger qui étaient majeurs à l'époque de la naturalisation de leur père, ils peuvent réclamer la qualité de Français, dans l'année qui suivra célle de la naturalisation (*Loi* 7 *fév.* 1851. *art.* 2).

15. Pour contracter l'engagement conditionnel d'un an, ils doivent avoir préalablement fait leur réclamation de la qualité de Français (*Inst.* n° 2).

16. Les individus nés Français, de parents étrangers, et les individus nés à l'étranger de parents étrangers naturalisés en France et mineurs au moment de la naturalisation de leurs parents, concourent au tirage qui suit la déclaration par eux faite en vertu de l'article 9 du Code civil et de l'article 2 de la loi du 1er février 1851, c'est-à-dire la déclaration qu'ils réclament la qualité de Français (*Loi* 27 *juill.* 1872, *art.* 9).

17. Les individus déclarés Français en vertu de l'article 1er de la loi du 7 février 1851 concourent également, dans le canton où ils sont domiciliés, au tirage qui suit l'année de leur majorité, s'ils n'ont pas réclamé leur qualité d'étranger, conformément à ladite loi (Même loi, même article).

18. Les uns et les autres ne sont assujettis qu'aux obligations de la classe à laquelle ils appartiennent par leur âge (Même loi, même article).

19. Ainsi, ils ne peuvent être soumis à la loi du recrutement, dès qu'ils ont atteint l'âge de vingt ans révolus dans le cours de l'année précédente, puisqu'ils peuvent réclamer la qualité d'étrangers dans l'année qui suit leur majorité, c'est-à-dire leur vingt et unième année.

L'ENGAGEMENT DOIT ÊTRE SOUSCRIT AVANT LE TIRAGE AU SORT.

20. L'engagement volontaire d'un an doit toujours être souscrit avant le tirage au sort. (*Loi 27 juillet 1872, art. 53 et 54 ; décr. 1er Décembre 1872, art. 1er, n° 3*).

21. Les jeunes gens qui n'ont pas été inscrits sur les tableaux de recrutement de la classe à laquelle ils appartiennent par leur âge ne pourront pas contracter l'engagement conditionnel d'un an après l'époque où ils auraient dû tirer au sort (*Inst.* n° 3).

IL NE PEUT ÊTRE CONCTRACTÉ QUE POUR L'ARMÉE DE TERRE.

22. L'engagement volontaire d'un an ne peut

être contracté que pour l'armée de terre (*Loi du* 27 *juillet* 1872. *art.* 53 *et* 54 ; *Décr.* 1ᵉʳ *décembre* 1872, *art.* 1ᵉʳ).

CONDITIONS DE L'ENGAGEMENT.

23. Tout Français qui veut contracter un engagement conditionnel d'un an pour servir dans l'armée de terre doit :

1° Réunir les conditions indiquées par les paragraphes numérotés 2°, 4°, 5° et 6° de l'article 46 de la loi du 27 juillet 1872 ;

2° Être sain, robuste et bien constitué ;

3° N'avoir pas concouru au tirage au sort ;

4° N'être pas lié au service dans les armées de terre ou de mer ;

5° Avoir, selon le corps où il servira, la taille fixée et remplir les conditions d'aptitude ;

6° Se trouver dans l'un des cas mentionnés par l'article 53 de la loi du 27 juillet 1872 ou avoir satisfait aux examens prévus par l'article 54 ;

7° Avoir rempli les obligations résultant du premier alinéa de l'article 55 (*Décret* 1ᵉʳ *décembre* 1872, *article* 1ᵉʳ).

24. 1° Les conditions indiquées par les paragraphes numérotés 2°, 4°, 5° et 6° de l'article 46 de la loi du 27 juillet 1872, sont celles-ci :

Avoir 18 ans accomplis.

Avoir au moins la taille de 1 mètre 54 centimètres.

Jouir de ses droits civils.

Être porteur d'un certificat de bonnes vie et mœurs.

Ce certificat est délivré par le maire de la commune du dernier domicile de l'engagé.

25. Si l'engagé ne compte pas au moins une année de séjour dans cette commune, il doit également produire un autre certificat des maires des communes où il a été domicilié dans le cours de cette année.

Le certificat doit contenir le signalement du jeune homme qui veut s'engager, mentionner la durée du temps pendant lequel il a été domicilié dans la commune et attester qu'il jouit de ses droits civils, qu'il n'a jamais été condamné à une peine correctionnelle pour vol, escroquerie, abus de confiance ou attentat aux mœurs.

26. Si l'engagé a moins de 20 ans, il doit justifier du consentement de ses père, mère, ou tuteur. Ce dernier doit être autorisé par une délibération du conseil de famille.

27. Aux termes de l'article 8 du Code civil, tout Français jouit de ses droits civils. Mais on est privé de cette jouissance par la dégradation civique (*Code pénal, art.* 8), par l'interdiction à temps de certains droits civiques, civils et de famille (*Code pénal, art.* 9, 42 et 43).

La dégradation civique est en outre l'accessoire nécessaire des peines criminelles (*Code pénal, art.* 28) : travaux forcés, détention, reclusion, bannissement.

28. 2° Les jeunes gens qui veulent contracter un engagement conditionnel doivent faire constater leur

aptitude au service militaire dans le département où ils veulent s'engager. En France, par le commandant du dépôt de recrutement. En Algérie, par le fonctionnaire de l'intendance militaire chargé du service de recrutement (*Inst.* n° 11).

29. Ils sont visités par un médecin, ainsi qu'il est dit à l'article 4 du décret du 30 novembre 1872, c'est-à-dire que l'officier du recrutement s'assure que le jeune homme qui se présente a la taille et les autres qualités requises pour le corps auquel il se destine et fait constater en sa présence, par un médecin militaire, ou à défaut par un docteur en médecine ou en chirurgie désigné par le sous-intendant militaire, que cet homme n'a aucune infirmité ni maladie apparente ou cachée, et qu'il est d'une constitution saine et robuste.

30. L'officier de recrutement établit un certificat d'acceptation et inscrit sur un registre spécial de visite les noms des jeunes gens auxquels il délivre ou refuse des certificats. Dans ce dernier cas, il indique le motif du refus (*Inst.* n° 11).

31. Voici le modèle n° 3 annexé à l'instruction :

Certificat d'acceptation délivré par l'autorité militaire.

Nous soussigné (*Indication du nom, du grade, du corps et de l'arme de l'officier qui délivre le certificat*) certifions que nous avons fait visiter en notre présence par M. (*Indiquer le nom et le grade du médecin qui a visité l'engagé*) le sieur (*Noms et prénoms de l'engagé*), né le   à   , canton d   , département d   , résidant à   , canton d   , département d   , fils d

(*Nom et prénoms du père*) et de (*Nom et prénoms de la mère*), domiciliés à , canton d , département d , taille d'un mètre centimètres, cheveux , sourcils , yeux , nez bouche , menton , visage (*Indiquer les marques particulières*), exerçant la profession de , et qu'il résulte de cette visite que le sieur (*Nom et prénoms de l'engagé*) n'est atteint d'aucune infirmité; qu'il est sain, robuste et bien constitué.

En conséquence, nous déclarons qu'il est apte au service militaire.

En foi de quoi nous lui avons délivré le présent certificat signé de nous et de M. (*Indiquer le nom et le grade du médecin qui a visité l'engagé*).

Fait à   , le   18   .

Nous soussigné (*Indication du nom, du grade, du corps et de l'arme de l'officier qui délivre le certificat*) certifions que nous avons fait visiter de nouveau en notre présence par M. (*Indiquer le nom et le grade du médecin qui a visité l'engagé*) le sieur (*Nom et prénoms de l'engagé*).

Qu'il résulte de cette visite : 1° que ledit sieur (*Nom et prénoms de l'engagé*) n'est atteint d'aucune infirmité ; 2° qu'il est sain et robuste.

En conséquence, et après avoir reconnu par nous-même qu'il réunit la taille et les autres qualités requises pour contracter un engagement conditionnel pour le (*Désignation du corps. Indiquer, pour l'artillerie, si l'engagé peut servir dans les batteries à pied ou montées, ou à cheval*), nous déclarons qu'il peut être admis à contracter un engagement conditionnel d'un an pour servir dans le (*Désignation du corps. Indiquer, pour l'artillerie, si l'engagé peut servir dans les batteries à pied ou montées, ou à cheval*).

Fait à   , le   18   .

Le Médecin,   *Le Commandant*
du dépôt de recrutement,

32. 3° et 4°. Nous avons déjà dit que c'est toujours avant le tirage au sort que doivent être faites les demandes d'engagement d'un an.

33. 5°. Voici le tableau annexé au décret du 1er décembre 1872 indiquant la taille et les conditions spéciales d'aptitude à exiger des engagés conditionnels d'un an pour leur admission dans les différentes armes.

ARMES.	TAILLE MINIMA.	CONDITIONS SPÉCIALES D'APTITUDE.
INFANTERIE.............	1^m,54	
CAVALERIE :		
Cuirassiers.............	1^m,68	
Dragons................		
Chasseurs..............	1^m,60	Savoir bien monter à cheval (1).
Hussards...............		
ARTILLERIE :		
Batteries à pied........	1^m,64	
Batteries montées ou à cheval...............	1^m,64	Être habitué à monter à cheval.
TRAIN D'ARTILLERIE.....	1^m,64	Être habitué à monter à cheval ou à soigner les chevaux, ou à conduire les voitures (1).
GÉNIE.................	1^m,64	Satisfaire à l'une des conditions suivantes : être admis à l'engagement en vertu de l'art. 53 de la loi du 27 juillet 1872, ou être dessinateur, ou avoir été soit ouvrier, soit contre-maître dans des chantiers de construction, ou avoir été employé soit dans le service de la télégraphie, soit dans le service des chemins de fer, au matériel, à la traction ou à la voie.
ÉQUIPAGES MILITAIRES..	1^m,64	Être habitué à monter à cheval, ou à soigner les chevaux, ou à conduire les voitures.

(1) Les connaissances en équitation seront constatées par une commission d'officiers de troupes à cheval.

34. 6° Les jeunes gens justifient de leur instruction par les certificats et diplômes énoncés dans l'article 53

de la loi du 27 juillet 1872 ou par les examens prévus
par l'article 54 (*Voy.* n° 44 et suiv., n° 54 et suiv.). ;

35. 7° Le premier alinéa de l'article 55 est relatif au
versement à faire par l'engagé volontaire qui doit
être habillé, monté et équipé à ses frais (*Voy.* n° 99 et
suiv.)

36. Toutes les opérations relatives à l'engagement
conditionnel d'un an (constatation de l'aptitude physique, examen, versement de la prestation, engagement) doivent se faire dans le département que le
jeune homme a choisi pour contracter son engagement (*Circ. min.*, 31 *janvier* 1873).

DEGRÉ D'INSTRUCTION POUR L'ENGAGEMENT
CONDITIONNEL.

37. Pour être admis à contracter un engagement
conditionnel d'un an, il faut justifier d'un certain degré d'instruction.

38. Cette instruction est de deux sortes :
L'instruction supérieure que les jeunes gens peuvent avoir acquise par de hautes études.
L'instruction que possèdent ceux qui se distinguent
dans l'exercice d'une carrière professionnelle.

39. La loi du 27 juillet 1872 a établi deux catégories de jeunes gens qui peuvent contracter l'engagement conditionnel d'un an.

40. Dans la première (Art. 53) sont rangés :
Les jeunes gens qui ont obtenu des diplômes de ba-

chelier ès lettres, de bachelier ès sciences, des diplômes de fin d'étude ou des brevets de capacité institués par les articles 4 et 6 de la loi du 21 juin 1865, qui a organisé l'enseignement secondaire spécial ;

Les jeunes gens qui font partie de l'école centrale des arts et manufactures, des écoles nationales des arts et métiers, des écoles nationales des beaux-arts, du Conservatoire de musique, les élèves des écoles nationales vétérinaires et des écoles nationales d'agriculture, les élèves externes de l'école des mines, de l'école des ponts et chaussées, de l'école du génie maritime et les élèves de l'école des mineurs de Saint-Étienne.

41. Dans la seconde catégorie (Art. 54) sont rangés les jeunes gens qui ne justifient pas de diplômes ou ne font pas partie des écoles ci-dessus énoncées, mais qui satisfont aux examens dont il va être ci-après parlé.

42. Ainsi, les jeunes gens de la 1ʳᵉ catégorie (Art. 53 de la loi du 27 juillet 1872) sont dispensés de tout examen ; ils sont admis de plein droit s'ils remplissent les autres conditions de la loi.

43. Ceux de la 2ᵉ catégorie (Art. 54 de la loi du 27 juillet 1872) passent devant des commissions d'examens qui constatent s'ils ont l'instruction requise, tant générale que professionnelle, d'après les programmes dont il sera parlé plus bas (*Voy.* nº 75 et suiv.)

JEUNES GENS DISPENSÉS D'EXAMENS.

44. Les jeunes gens qui se trouvent dans l'un des cas mentionnés par l'article 53 de la loi de 1872, c'est-

à-dire ceux qui ayant une instruction supérieure les dispensant de la nécessité d'examens sont admis de droit au volontariat doivent en justifier par la production de l'une des pièces ci-après (*Décret* 1ᶜʳ *décembre* 1872, *art.* 2) :

Jeunes gens ayant obtenu des diplômes: De bachelier ès lettres, De bachelier ès sciences, De fin d'études (Art. 4 de la loi du 21 juin 1865). Ou des brevets de capacité (Art. 6 de la loi du 21 juin 1865.	Certificat délivré par le receveur de l'académie, constatant qu'ils ont obtenu l'un des diplômes mentionnés ci-contre ou le brevet de capacité.
Jeunes gens faisant partie : De l'école centrale des arts et manufactures. Des écoles nationales des beaux-arts.	Certificat délivré par le directeur de ces établissements, constatant qu'ils en font partie et indiquant la date de leur admission.
Jeunes gens des écoles nationales des arts et métiers.	Certificat délivré par le directeur de l'école, constatant qu'ils en font partie ou qu'ils ont obtenu à leur sortie le certificat réglementaire.
Jeunes gens du Conservatoire de musique et de ses succursales.	Certificat délivré par le directeur de l'établissement constatant qu'ils en font partie, ou s'ils en sont sortis, qu'ils y ont obtenu des récompenses.
Élèves : Des écoles nationales vétérinaires, Des écoles nationales d'agriculture, Des écoles des mineurs de Saint-Etienne.	Certificat délivré par le directeur de ces écoles attestant leur présence comme élèves dans lesdites écoles.
Élèves externes : De l'école des mines, De l'école des ponts et chaussées, De l'école du génie maritime.	Certificat délivré par le directeur de ces écoles attestant qu'ils en sont élèves externes et qu'ils en suivent régulièrement les cours.

45. En présence des termes formels de la loi, il n'est possible d'admettre de droit au bénéfice du vo-

lontariat que les jeunes gens porteurs des titres ci-dessus indiqués.

46. C'est ainsi que le baccalauréat ès sciences restreint et le certificat de capacité en droit ne sauraient être considérés comme l'équivalent des titres dont il s'agit et dispenser les jeunes gens de l'examen (*Inst.* n° 4).

47. Les diplômes de fin d'étude et les brevets de capacité, mentionnés dans l'article 53 de la loi de 1872, et dont il vient d'être parlé, sont des titres spéciaux à l'enseignement professionnel. Ils ont été institués par les articles 4 et 6 de la loi du 21 juin 1865, sur l'enseignement secondaire spécial, qui sont ainsi conçus :

48. A la fin du cours, les élèves sont admis à subir devant un jury dont les membres sont nommés par le ministre de l'instruction publique un examen à la suite duquel ils obtiennent, s'il y a lieu, un diplôme. Les élèves de l'enseignement libre peuvent se présenter devant le jury et obtenir le même diplôme (Art. 4).

49. Le diplôme de bachelier peut être suppléé pour l'ouverture d'un établissement libre d'enseignement secondaire spécial par un brevet de capacité, à la suite d'un examen dont les programmes sont réglés par des arrêtés délibérés en conseil de l'instruction publique (Art. 6).

50. Les écoles nationales des arts et métiers dont il s'agit sont celles d'Aix, d'Angers et de Châlons.

51. Les écoles nationales des beaux-arts sont celles de Paris, de Dijon et de Lyon.

52. Le Conservatoire de musique comprend celui de Paris et ses succursales qui existent à Lille, à Toulouse, à Dijon et à Nantes.

53. Les écoles nationales vétérinaires sont celles d'Alfort près Paris, de Lyon et de Toulouse.

54. Les écoles nationales d'agriculture sont celles de Grignon (Seine-et-Oise), de Grandjouan (Loire-Inférieure) et de Montpellier (Hérault) (*Inst.* n° 6 à 10).

JEUNES GENS SOUMIS A L'EXAMEN.

55. Les jeunes gens mentionnés à l'article 54 de la loi du 27 juillet 1872, c'est-à-dire ceux qui n'ont pas les titres ou diplômes rendant admissibles de plein droit au volontariat sont soumis à un examen.

DEMANDE ADRESSÉE AU PRÉFET.

56. Ils adressent une demande d'admission à l'examen au préfet du département dans lequel ils veulent s'engager (*Inst.* n° 13) (*Voy.* n° 36).

57. La demande d'admission à l'examen doit parvenir au préfet dix jours au moins avant l'époque fixée pour l'ouverture de l'examen.

58. Pour l'année 1874, elle doit être adressée du 1er juillet au 31 août (*Déc. min. guerre*, 19 *janv.* 1874).

59. Elle est faite sur papier timbré et accompagnée :
1° De l'acte de naissance.
2° Du certificat d'acceptation délivré par le commandant du dépôt de recrutement (*Voy.* n° 31);

3° Et si le jeune homme a moins de 20 ans, du consentement de ses père, mère ou tuteur.

60. Ces trois pièces sont affranchies du droit de timbre.

61. Le certificat de bonnes vie et mœurs (*Voy.* n° 178) n'est établi et présenté qu'au moment où a lieu l'engagement (*Inst.* n° 14).

62. La demande est écrite et signée par le candidat, elle mentionne ses nom et prénoms, sa profession, le lieu de son domicile légal et celui de sa résidence (*Inst.* n° 15).

63. Elle indique, par la mention « agriculture » « commerce » ou « industrie » dans quelle série le candidat désire être classé pour son examen (*Inst.* n° 16).

64. Les jeunes gens dont les connaissances professionnelles ne rentreraient pas exactement dans l'une des séries, par exemple ceux qui appartiennent aux administrations publiques (ponts et chaussées, finances, préfectures, mairies, etc.), ceux qui se destinent aux fonctions de notaire, d'avoué, d'huissier, etc., font choix de la série dont leur profession ou leurs fonctions se rapprochent le plus (*Inst.* n° 16).

65. Les jeunes gens compris dans l'article 53 de la loi de 1872, c'est-à-dire ceux qui sont admissibles au volontariat de droit et sans examen peuvent demander à passer l'examen en vue de concourir pour l'exemption du versement de la prestation (*Voy.* n° 128) (*Circ. min. guerre,* 11 *janv.* 1873).

66. Dès que le délai accordé pour la réception des demandes d'admission à l'examen est expiré (le 31 août pour 1874), le préfet fait connaître au ministre de la guerre (bureau du recrutement) le nombre de ces demandes (*Inst.* n° 17).

TRANSMISSION DES DEMANDES A LA COMMISSION D'EXAMEN.

67. Les demandes des candidats sont transmises par les préfets au président de la commission constituée comme il est dit à l'article 4 du décret du 31 octobre 1872.

68. Ces demandes, comparées aux compositions écrites, permettront de vérifier l'identité du candidat (*Inst.* n° 18).

PUBLICATION DES NOMS DES CANDIDATS.

69. Cinq jours avant l'époque fixée pour l'ouverture des examens, c'est-à-dire le 10 septembre pour l'année 1874, le préfet fait connaître, par les moyens de publicité dont il dispose, la liste des jeunes gens appelés à subir ces examens (*Inst.* n° 19).

70. Cette liste est divisée en trois séries : agriculture, commerce et industrie (*Ibid.*).

71. Ceux qui auront été omis se mettent immédiatement en instance auprès du préfet pour réclamer leur inscription (*Ibid.*).

JOUR, HEURE ET LIEU DES EXAMENS.

72. Le préfet fait connaître, après s'être entendu

avec le président de la commission indiquée ci-dessus, le jour, l'heure et le lieu où les jeunes gens
devront se présenter pour subir les deux épreuves
dont il va être parlé.

73. Pour l'année 1874, les examens auront lieu du
15 au 30 septembre (*Décision minist.* 19 *janv.* 1874).

CHOIX DES EXAMINATEURS.

74. Les examinateurs sont nommés par le ministre
de la guerre sur la présentation du préfet du département. Des suppléants en nombre au moins égal à
celui des examinateurs sont désignés par les préfets
(*Inst.* n° 21).

Les uns et les autres sont choisis parmi les citoyens
les plus honorables ayant acquis des connaissances
spéciales dans l'exercice des professions agricoles,
industrielles ou commerciales, et qui, en raison de
leurs loisirs, peuvent remplir gratuitement ces fonctions (*Ibid.*).

EXAMEN.

75. Les examens consistent en deux épreuves
successives.

76. La première, une dictée écrite en français, la
seconde, un examen oral public. (*Décr.* 31 *octobre*
1872, *art.* 1 *et* 2).

Le texte de la dictée est choisi et dicté aux candidats par un des examinateurs (*Inst.* n° 22).

Un certain nombre de sous-officiers pris dans les

corps à proximité est mis à la disposition des examinateurs pour surveiller les jeunes gens (*Ibid.*).

Toute fraude entraîne l'exclusion immédiate du candidat.

Les examinateurs se partagent les copies des candidats, les corrigent et les remettent ensuite avec leurs notes au général ou à l'officier supérieur, président de la commission (*Ibid.*).

77. La seconde épreuve est un examen oral.
Cette épreuve est publique.

78. Les candidats sont rangés à l'avance en trois séries correspondant respectivement à l'agriculture, au commerce, à l'industrie.

Chacune de ces séries passe devant un examinateur différent.

79. Cet examen oral se compose de deux parties :

80. La première partie roule sur les matières composant l'enseignement que le candidat a dû recevoir à l'école primaire.

81. La seconde partie porte spécialement sur les notions élémentaires et pratiques relatives à l'exercice même de ladite profession suivant les indications du programme suivant (*Décr.* 31 *octobre* 1872, *art.* 3).

82. Les matières obligatoires de l'enseignement primaire sont la lecture, l'écriture, les éléments de la langue française, le calcul et le système légal des poids et mesures, les éléments de l'histoire et de la géographie de la France.

83. Voici le programme des examens professionnels annexé au décret du 31 octobre 1872 :

Chaque candidat sera interrogé sommairement, selon sa profession et sa spécialité, d'après les indications générales qui suivent :

Agriculture.

Natures diverses des terrains au point de vue de la culture. — Engrais et amendements. — Climats, saisons, leurs rapports avec la culture. — Moyens d'utiliser les eaux ou de s'en préserver. — Instruments et machines agricoles. — Méthodes et procédés de culture. — Conservation des récoltes. — Bestiaux et animaux domestiques. — Comptabilité agricole. — Débouchés des principaux produits agricoles de la région.

Commerce.

Marchandises qui font l'objet de la spécialité du candidat, leur provenance, leur emploi et leur prix de revient.

Comptabilité et tenue des livres. — Dénomination des livres de commerce. — Principales opérations de commerce ou de banque. — Formules usuelles du billet à ordre, de la lettre de change, du mandat, du chèque, etc. — Signification des principaux termes de commerce ou de banque.

Industrie.

Caractères et propriétés des matières premières ou matériaux. — Leur extraction, leur préparation, leur transformation ou leur emploi. — Moteurs, machines, instruments et outils dont le candidat fait habituellement usage. — Procédés au moyen desquels il obtient les produits de son industrie spéciale. — Nature de ces produits.

84. L'examinateur proportionne les questions d'instruction générale au degré d'instruction que les candidats ont pu acquérir dans l'école primaire locale (*Inst.* n° 23).

85. Les jeunes gens dont les connaissances professionnelles ne rentrent pas exactement dans l'une des

trois séries (*Voy*. n° 64) sont interrogés sur les matières concernant leur profession ou leurs fonctions (*Inst*. n° 24).

86. Les examens oraux peuvent être passés, quand le nombre des candidats le rend nécessaire, dans un local différent pour chacune des trois séries (*Inst*. n° 23).

87. Les jeunes gens se présentent devant l'examinateur de la série à laquelle ils appartiennent suivant l'ordre dans lequel il sont inscrits sur la liste d'admission à l'examen (*Ibid*.).

88. L'examinateur prend sur les réponses de chaque candidat des notes d'après lesquelles s'opèrera le classement général à la fin des épreuves (*Inst*. n° 25).

Il est tenu compte, pour le classement, du degré d'instruction que représentent leurs titres, aux jeunes gens qui ont satisfait à un programme d'examen supérieur à celui de l'engagement conditionnel d'un an (baccalauréat ès sciences restreint, certificat de capacité en droit, etc., etc.) (*Inst*. n° 26).

CLASSEMENT DES CANDIDATS.

89. Après l'achèvement des examens oraux, les examinateurs des trois séries se réunissent sous la présidence du général commandant le département ou d'un officier supérieur délégué par lui, auquel est adjoint un membre du conseil général désigné par ce conseil, ou, à son défaut, par la commission per-

manente et constituent ainsi une commission qui arrête la liste générale des candidats admissibles (*Décret 31 oct. 1872, art. 4*).

LISTE DES ADMIS.

90. Cette liste générale de classement est dressée à l'aide des notes données par chaque examinateur.

91. La commission adresse au préfet les noms des jeunes gens admis à contracter l'engagement, tant en raison de leur classement que du chiffre des engagés fixé par le ministre.

92. Elle indique pour chaque candidat la mention avec laquelle il a été reçu (très-bien, bien, assez bien ou passable).

93. Elle signale au préfet, pour être déférées aux tribunaux, les fraudes qui tombent sous l'application du Code pénal (*Inst.* n° 28).

94. Le préfet publie la liste des jeunes gens de son département admis à contracter l'engagement conditionnel d'un an, avec la note qu'ils ont obtenue (*Inst.* n° 29).

95. Il délivre à chacun d'eux un certificat d'admission conforme au modèle suivant (*Inst.* n° 30) :

Certificat d'admission à contracter un engagement d'un an.

Nous, Préfet du département d , attestons que le sieur (*Nom et prénoms*), fils d et de , domiciliés à , canton d , département d , né le , à , canton

d   , département d   , résidant à   , canton d   ,
département d   , a satisfait aux examens pres -
crits par l'article 54 de la loi du 27 juillet 1872 et qu'il y a lieu
de l'admettre à contracter un engagement conditionnel d'un an,
s'il satisfait d'ailleurs aux autres conditions imposées par la même
loi et par le décret du 1er décembre 1872.

Fait à   , le   18   .

96. Il leur remet en même temps un bulletin en
désignant la somme que les jeunes gens doivent verser
entre les mains du préposé de la Caisse des dépôts et
consignations (*Inst.* n° 31).

97. Ce bulletin est ainsi conçu , conformément au
modèle n° 6 joint à l'Instruction :

*Bulletin indicatif de la somme à verser entre les mains
du préposé de la Caisse des dépôts et consignations.*

Le sieur (*Nom et prénoms*) est admis à verser entre les mains
du préposé de la Caisse des dépôts et consignations la somme de
(*En toutes lettres*) (*Montant de la totalité, du quart, de la moi-
- tié, des trois quarts*) de la prestation fixée par le Ministre de la
guerre, par arrêté du 7 décembre 1872.
Ce versement devra être fait sur la présentation du présent bulletin dans les délais fixés par le Ministre de la guerre.

Fait à   , le   18   .

Le Préfet du département d

98. Il rend aux intéressés, admis ou non, les diverses pièces qui accompagnaient leurs demandes
d'examens.

PRESTATION A VERSER PAR L'ENGAGÉ CONDITIONNEL.

99. L'engagé volontaire d'un an est habillé, monté,

équipé et entretenu à ses frais (*Loi* 27 *juillet* 1872, *art.* 55).

En conséquence les jeunes gens versent, avant de contracter l'engagement, une somme qui est fixée par le ministre de la guerre (*Décret du* 1er *décembre* 1872, *art.* 4).

100. Cette somme a été fixée à 1,500 francs pour la première fois par arrêté ministériel du 7 décembre 1872.

101. Les versements sont reçus, dans le département de la Seine, à la direction générale de la Caisse des dépôts et consignations, dans les autres départements chez les préposés de cette caisse (trésoriers-payeurs généraux et receveurs particuliers des finances). (*Décret* 1er *décembre* 1872, *art.* 4).

102 La somme à verser en exécution de l'article 55 de la loi du 27 juillet 1872 est la même pour tous les engagés d'un an (*Inst.* n° 32).

103. Les versements sont faits entre les mains des préposés de la Caisse des dépôts et consignation sur la production du bulletin remis par le préfet comme il a été dit ci-dessus (*Ibid.*).

104. Les jeunes gens admis de plein droit, sans examen, c'est-à-dire ceux qui se trouvent dans l'un des cas prévus par l'article 53 de la loi du 27 juillet 1872, obtiennent du préfet le bulletin indicatif de versement sur le vu : 1° du certificat d'acceptation délivré ainsi qu'il a été dit : 2° de l'un des certificats énoncés dans l'article 2 du décret (*Voy.* n° 44); 3° du consentement de leurs père, mère ou tuteur (*Inst.* n° 33).

105. Ils doivent adresser au préfet leur demande d'admission à l'engagement, du 1ᵉʳ juillet au 31 août, pour l'année 1874 (*Décis. minist. guerre, 19 janvier 1874*).

FORMALITÉS DU VERSEMENT.

106. Les versements sont effectués dans le délai fixé annuellement par le ministre (*Inst. n° 34*).

107. Ces versements donnent lieu, de la part des préposés de la Caisse des dépôts et consignations, à l'établissement : 1° de récépissés ; 2° de déclarations de versement ; à la charge, par les parties versantes, de soumettre ces deux pièces, pour le département de la Seine, immédiatement au visa du contrôle placé près de la Caisse des dépôts et consignations, et, pour les autres départements, dans les vingt-quatre heures de leur date, au visa du préfet (*Décr. 1ᵉʳ décembre 1872, art. 5*).

108. Les récépissés de versement des engagés conditionnels qui ont été définitivement incorporés sont adressés au ministre de la guerre (*Même article*).

109. On ne doit pas omettre d'énoncer dans les récépissés et les déclarations de versement si la somme versée provient des deniers de la partie versante ou du jeune homme au nom duquel le versement est effectué, afin d'éviter des difficultés lors du remboursement, qui peut avoir lieu dans certains cas (*Circ. direct. gén. de la Caisse des consignations, 4 janvier 1873*).

110. Après le visa, les déclarations de versement sont seules remises aux intéressés (*Inst.* n° 37).

111. Dans les départements autres que celui de la Seine, les récépissés restent entre les mains des préfets qui les inscrivent nominativement sur un carnet (*Inst.* n° 38).

112. Lorsque les engagés conditionnels d'un an sont incorporés, avis nominatif de leur incorporation est donné, par les soins du commandant du dépôt de recrutement, au préfet qui mentionne la mutation sur le carnet précité et qui adresse au ministre de la guerre (bureau des fonds et ordonnances) les récépissés des sommes versées (*Ibid.*).

Cet envoi est fait dans les quarante jours qui suivent l'époque de la mise en route des engagés (*Ibid.*).

113. Dans le département de la Seine, les récépissés de versement sont conservés après le visa par le directeur général de la Caisse des dépôts et consignations (*Inst.* n° 39).

114. L'état nominatif des engagés conditionnels incorporés, avec l'indication des sommes versées par eux, est adressée directement par le commandant du dépôt de recrutement de la Seine au ministre de la guerre (bureau des fonds et ordonnances) dans les quarante jours qui suivent l'époque de la mise en route (*Ibid.*).

115. Les jeunes gens retenus sous les drapeaux en exécution du troisième alinéa de l'article 56 de la loi du 27 juillet 1872 (*Voy.* n° 269) ne sont pas tenus à un nouveau versement (*Décr.* 1er *décembre* 1872, *art.* 7).

REMBOURSEMENT DE LA PRESTATION.

116. Les sommes versées par les engagés ne sont plus remboursées dès que l'incorporation de ces engagés est devenue définitive (*Décr.* 1er *décembre* 1872, *art.* 6).

117. Il résulte des termes de l'article 6 du décret que le remboursement des sommes versées peut être réclamé, si l'engagé meurt, ou s'il est réformé, ou s'il est placé en disponibilité par application de l'article 17 de la loi du 27 juillet 1872 (*Inst.* n° 40).

118. Mais le décès, la réforme ou la mise en disponibilité doivent précéder l'incorporation définitive qui a lieu seulement après la visite à laquelle l'homme est soumis à son arrivée au corps (*Ibid.*).

119. L'appelé ou l'engagé qui, postérieurement soit à la décision du conseil de révision, soit au 1er juillet, soit à son incorporation, devient l'aîné d'orphelins de père et de mère, le fils unique ou l'aîné des fils, ou, à défaut du fils et du gendre, le petit-fils unique ou l'aîné des petits-fils d'une femme veuve, d'une femme dont le mari a été légalement déclaré absent, ou d'un père aveugle, est, sur sa demande, et pour le temps qu'il a encore à servir, renvoyé dans ses foyers en disponibilité, à moins qu'en raison de sa présence sous les drapeaux, il n'ait procuré la dispense du service à un frère puîné actuellement vivant (*L.* 27 *juillet* 1872, *art.* 17).

120. Le bénéfice de cette disposition s'étend au

militaire devenu fils aîné ou petit-fils aîné de septua-
génaire par suite de décès d'un frère. Ces dispositions
ne sont applicables qu'aux enfants légitimes(*Loi 27 juillet* 1872, *art.* 17).

121. Il y a lieu, en outre, de rembourser les sommes
versées, quand l'engagement n'a pas été contracté
(*Inst.* n° 41).

FORMALITÉS POUR LE REMBOURSEMENT.

122. Les remboursements sont effectués par les
préposés de la Caisse des dépôts et consignations sur
la demande des parties versantes ou des ayants-droit,
adressée au directeur général de cette caisse (*Inst.*
n° 42).

123. Les pièces justificatives à joindre à la demande
de remboursement sont :
1° Dans tous les cas, le récépissé de versement ;
2° Quand l'engagement a eu lieu.
En cas de décès, l'acte de décès de l'engagé et le
certificat de propriété établi dans les formes prescrites
par la loi du 28 floréal an VII.
Aux termes de l'article 6 de la loi du 28 floréal an VII,
le certificat de propriété est délivré par le notaire dé-
tenteur de la minute, lorsqu'il y aura eu inven-
taire ou partage, par acte public ou transmission gra-
tuite à titre entre vifs ou par testament.
Il doit être légalisé.
Il est délivré par le juge de paix du domicile du
décédé, sur l'attestation de deux citoyens, lorsqu'il
n'existe aucun desdits actes en forme authentique.

Si la mutation s'est opérée par jugement, le greffier dépositaire de la minute délivre le certificat.

Quant aux successions ouvertes à l'étranger, les certificats délivrés par les magistrats autorisés par les lois du pays seront admis lorsqu'ils seront rapportés dûment légalisés par l'agent de la République française.

124. Les pièces justificatives à joindre à la demande de remboursement sont dans les autres cas que le cas de décès :

Le titre de réforme ou d'envoi dans la disponibilité de l'engagé, ou une copie certifiée conforme de ces titres (*Inst.* n° 42).

125. Pour obtenir du préfet la remise du récépissé, le réclamant présente :

1° Si l'engagement n'a pas eu lieu, la déclaration de versement qui est restée entre ses mains (*Voy.* n° 110).

2° Si l'engagement a été contracté, les pièces qui doivent être jointes dans ce cas à sa demande de remboursement.

126. Le préfet ne se dessaisit du récépissé qu'après s'être assuré des droits du réclamant et avoir inscrit sur ce récépissé et sur le carnet modèle n° 7, le motif pour lequel le remboursement est demandé (*Inst.* n° 42).

127. Dans le département de la Seine, le réclamant n'a pas à produire le récépissé qui est déjà entre les mains du directeur général de la Caisse des dépôts et consignations (*Voy.* n° 33), mais si l'engage-

ment n'a pas eu lieu, il joint à sa demande la déclaration du versement (*Inst.* n° 43).

EXEMPTION DE VERSEMENT.

128. Le ministre de la guerre peut exempter de tout ou partie du versement les jeunes gens qui ont donné dans leur examen des preuves de capacité et justifient, dans les formes prescrites par le règlement, être dans l'impossibilité de subvenir à ce versement (*Loi 27 juillet* 1872, *art.* 55).

129. Les jeunes gens qui ont obtenu le certificat d'admission à l'engagement et qui sont hors d'état de satisfaire aux obligations déterminées au premier alinéa de l'article 55 de la loi, c'est-à-dire au versement de la prestation, adressent au préfet, immédiatement après la délivrance dudit certificat, une demande d'exemption de ces obligations (*Inst.* n° 45).

130. Les jeunes gens compris dans l'article 53 de la loi c'est-à-dire ceux qui sont porteurs de diplômes et de certificats les rendant admissibles, sans subir d'examen, peuvent obtenir des exemptions de versement en passant l'examen prescrit par l'article 54 de la loi (*Circ. min. guerre, 4 janvier* 1873).

131. La demande à fin d'exemption de versement est accompagnée :

1° D'un certificat constatant la position de famille de l'intéressé ;

2° D'un relevé du rôle des contributions à la charge de sa famille ou à la sienne (*Inst.* n° 45).

132. Le certificat doit être conforme au modèle suivant, n° 9, annexé à l'instruction :

Certificat à l'appui d'une demande de dégrévement. formée par un engagé conditionnel d'un an.

NOMS DU PÈRE, DE LA MÈRE, des frères et des sœurs.	AGE.	CONDITIONS ou PROFESSION.	SITUATION DE FORTUNE et montant des contributions.	OBSERVATIONS PARTICULIÈRES.

A , le 18 .

Le Maire de la commune d

133. La demande ne peut être reçue que si le postulant a été admis à l'examen avec la mention *très-bien*, et si l'impossibilité de satisfaire à l'obligation du versement de la prestation est établie par une délibération du conseil municipal, saisi d'urgence par le préfet (*Inst.* n° 46).

134. Les exemptions de versement peuvent être reportées sur deux, trois ou quatre candidats ; mais il n'est pas accordé plus d'une exemption totale pour cent engagés (*Inst.* n° 47).

135. Le nombre des engagés, qui sert de base à la fixation des exemptions de versement, est celui des jeunes gens admis à l'engagement dans les conditions de l'article 54 de la loi, c'est-à-dire après examen.

136. Une exemption peut être répartie sur deux, trois ou quatre candidats, mais non sur un plus grand nombre.

137. Le département qui compte de 25 à 49 engagés peut obtenir une exemption d'un quart de la prestation, le département qui compte de 50 à 74 engagés, une exemption de la moitié de la prestation ; celui qui compte de 75 à 99 engagés, une exemption de trois quarts ; de 100 à 124, une exemption totale, de 125 à 149, une exemption et un quart, et ainsi de suite.

Si un département avait moins de 25 engagés, quelque faible que fût le nombre de ces engagés, il aurait droit à une exemption d'un quart de la prestation (*Circ. min. guerre, 4 janvier* 1873).

138. Les préfets prennent l'avis des conseils municipaux sur les demandes que peuvent former les jeunes gens pour être exemptés de tout ou partie du versement.

139. Ils soumettent ces demandes à la commission permanente du conseil général (*Décr.* 1er *décembre* 1872, *art.* 8).

140. La commission permanente du conseil général est réunie extraordinairement à cet effet.

141. Après qu'elle a donné son avis, le préfet prononce au nom du ministre de la guerre (*Inst.* n° 48).

142. Le préfet fait connaître aux intéressés la décision qui les concerne. En échange du bulletin indicatif de la somme à verser qui leur avait été remis, il délivre un certificat à ceux qui ont obtenu l'exemption totale, et à ceux qui n'ont obtenu qu'une exemption partielle, le même certificat et un nouveau bulletin indiquant la somme qu'ils ont à verser (*Inst.* n° 49).

143. Ce certificat (modèle n° 10 annexé à l'instruction) est ainsi conçu :

Certificat constatant que le jeune homme qui veut contracter un engagement conditionnel d'un an a obtenu l'exemption totale ou partielle des obligations imposées par l'article 55 de la loi du 27 juillet 1872.

Nous, Préfet du département   , attestons que le sieur (*Nom et prénoms*), fils d   et d   , domiciliés à   , canton d   , département d   , né le   , canton d   département d   , résidant à   , canton d   . département d   , admis à contracter l'engagement conditionnel d'un an, a obtenu l'exemption (*De la totalité, des trois quarts, de la moitié ou du quart*) des obligations imposées par l'article 55 de la loi du 27 juillet 1872.

En foi de quoi, nous lui avons délivré le présent certificat.

Fait à   , le   18 .

Le Préfet,

ENGAGEMENT.

144. Les engagements d'un an sont contractés au chef-lieu du département devant l'officier de l'état civil (c'est-à-dire le maire) (*Décr.* 1ᵉʳ *décembre* 1872, *art.* 9).

OU L'ENGAGEMENT EST CONTRACTÉ.

145. Les engagements sont contractés au chef-lieu du département, parce que c'est du chef-lieu que les jeunes gens sont dirigés sur leurs corps après leur engagement (*Inst.* n° 50).

146. Par exception spéciale aux décrets des 31 octobre et 1ᵉʳ décembre 1872, les jeunes Français qui habitent les possessions d'outre-mer et qui ne se trouvent point dans l'un des cas prévus par l'article 53 de la loi du 27 juillet 1872, sont, sur leur demande, reçus, après constatation de leur aptitude physique, à passer leur examen au chef-lieu de la colonie.

147. Les jeunes gens déclarés admissibles à la suite de ces examens doivent toutefois rentrer immédiatement en France pour y faire le versement réglementaire et y souscrire leur acte d'engagement au chef-lieu du département qu'ils choisiront.

148. Ils passent devant le commandant du dépôt de recrutement de ce département la deuxième visite prescrite par le n° 52 de l'instruction du 1ᵉʳ décembre 1872 (*Voy.* n° 157) (*Circ. min. guerre,* 16 *janvier* 1873).

NOMBRE DES ENGAGEMENTS.

149. Le nombre des engagements reçus en conformité de l'article 53 de la loi, c'est-à-dire de plein droit et sans examen, n'est pas limité. Celui des engage-

ments reçus en conformité de l'article 54, c'est-à-dire à la suite de l'examen professionnel, est fixé annuellement par le ministre de la guerre (*Inst.* n° 51).

150. Afin de faciliter aux jeunes gens l'accès à l'engagement conditionnel pendant la période de transition entre les deux législations, il a été décidé que le nombre des candidats à admettre en 1873 ne serait pas limité et que les commissions ne devraient exclure que ceux qui auraient été classés avec la note *mal*. (*Circ. min. guerre*, 16 *décembre* 1872.)

CORPS POUR LESQUELS L'ENGAGEMENT EST REÇU

151. La décision du ministre qui fixe le nombre des engagés d'un an admis en vertu de l'article 54 de la loi du 27 juillet 1872, c'est-à-dire à la suite d'examens, détermine pour chaque département les corps dans lesquels les engagés d'un an des diverses catégories (ceux admis sans examen et ceux admis à la suite d'examens) seront reçus et le nombre d'hommes qui pourront être dirigés sur chaque corps. (*Décr.* 1ᵉʳ *décembre* 1872, *art.* 9.)

152. Le choix du corps dans lequel les jeunes gens désirent servir ne peut donc porter que sur l'un de ceux qui sont indiqués par le ministre pour recevoir les engagés du département et qui n'ont pas encore atteint, pour ce département, leur maximum d'engagés conditionnels (*Inst.* n° 51).

153. Les tableaux indiquant, pour chaque département, les corps où les engagés peuvent être reçus,

ainsi que la proportion d'engagés susceptible d'être attribuée à un corps peuvent être consultés par les intéressés dans les préfectures, les bureaux des sous-intendants militaires et les dépôts de recrutement. Toute facilité doit leur être donnée à cet effet (*Circ. min. guerre*, 19 *janvier* 1873).

154. Les commandants des dépôts de recrutement déterminent le nombre des engagés volontaires qui pourra être attribué à chaque corps en raison du nombre auxquels ils ont délivré des certificats d'acceptation, conformément aux proportions·indiquées au tableau n° 1 annexé à ladite circulaire.

155. Les jeunes gens sont admis à choisir leur corps dans l'ordre où ils se présentent, conformément aux instructions du commandant du dépôt de recrutement, et, s'ils se présentent plusieurs ensemble, dans l'ordre de leur inscription au registre de visite (*Circ.* 19 *janvier* 1873).

156. Les jeunes gens qui auront été affectés à des corps dont le dépôt n'est pas réuni à la portion active seront dirigés sur le dépôt de ces corps ; après y avoir été immatriculés, habillés, équipés et armés, ils seront envoyés à la portion active dans un délai qui ne devra jamais dépasser quatre jours.

DEUXIÈME VISITE.

157. Avant de contracter l'engagement, les jeunes gens se présentent devant le commandant du dépôt de recrutement pour être soumis à une nouvelle visite

et pour désigner le corps dans lequel ils demandent à servir. Ils sont porteurs du certificat d'acceptation qui leur a été délivré à la première visite (*Inst.* n° 52).

158. Des dispositions seront prises à l'avance par les commandants des dépôts de recrutement, pour répartir entre les jours fixés pour les engagements l'opération de la deuxième visite, qui sera, autant que possible, suivie immédiatement de l'engagement (*Ibid.*).

159. Les jeunes gens qui, ne tenant pas compte des dispositions arrêtées par le commandant du dépôt de recrutement, ne se présenteraient pas pour la deuxième visite, le jour et à l'heure désignés pour la catégorie d'engagés dont il font partie, s'exposeraient à être renvoyés à l'année suivante et même à ne pouvoir plus contracter l'engagement conditionnel d'un an, s'ils étaient dans l'année qui précède le tirage au sort de leur classe (*Inst.* n° 53).

APTITUDE SPÉCIALE.

160. Le commandant du dépôt de recrutement, assisté d'un médecin, constate que le jeune homme qui se présente a continué à être sain et apte à faire un bon service.

161. Il s'assure ensuite : 1° que ce jeune homme a la taille et qu'il remplit les conditions d'aptitude spéciales indiquées au tableau n° 1 (*Voy.* n° 33) pour être admis dans le corps où il désire servir ; 2° que

le nombre des engagés du département que les dé-
cisions ministérielles permettent d'affecter à ce corps
ne sera pas dépassé (*Inst.* n° 54).

162. Les conditions de taille pour être admis dans
les différentes armes ont été modifiées, en ce qui
concerne les engagés conditionnels d'un an, en vue
d'utiliser un plus grand nombre d'aptitudes (*Inst.*
n° 55).

163. Vu le peu de temps que les hommes ont à
passer sous les drapeaux, des connaissances en équitation sont imposées à ceux qui demandent à servir
dans les troupes à cheval, mais à des degrés différents
suivant les armes. C'est ainsi qu'on a été amené à
faire une distinction pour l'artillerie entre les batteries
à pied et les batteries montées ou à cheval (*Inst.*n° 56).

164. Les jeunes gens qui veulent servir dans les
troupes à cheval doivent en conséquence produire :

165. Pour être admis dans la cavalerie, un certificat
attestant qu'ils savent bien monter à cheval; — Dans
les batteries montées ou à cheval de l'artillerie, un
certificat attestant qu'ils ont l'habitude du cheval. —
Dans le train d'artillerie, ou dans le train des équipa-
ges militaires, un certificat attestant qu'ils savent
monter à cheval, ou soigner les chevaux, ou conduire
les voitures.

166. Ces certificats sont délivrés par des commissions instituées dans chaque corps d'armée ou division militaire, et composées de trois officiers de
troupes à cheval, désignés par le général comman

dant le corps d'armée ou la division militaire (*Inst.* n° 57).

167. Les lieux, jours et heures de réunion des commissions sont fixés par cet officier général, qui en informe les préfets des divers départements compris dans ses circonscriptions. Ceux-ci donnent auxdits renseignements la publicité désirable (*Ibid.*).

168. Les jeunes gens porteurs du diplôme de vétérinaire sont admis dans les corps désignés par le ministre de la guerre pour recevoir les vétérinaires. Ils ne sont pas tenus de justifier de connaissances en équitation (*Inst.* n° 58).

169. Pour entrer dans le génie, les jeunes gens qui ne sont pas dans l'un des cas prévus par l'article 53 de la loi du 27 juillet 1872, justifient qu'ils satisfont aux conditions spéciales d'aptitude mentionnées au tableau n° 1 (*Voy.* n° 33), en produisant un certificat du directeur de l'établissement où ils ont été employés (*Inst.* n° 59).

CERTIFICAT D'ACCEPTATION COMPLÉTÉ.

170. Le commandant du dépôt de recrutement, après avoir reconnu que l'engagé remplit toutes les conditions pour être admis dans le corps où il désire entrer, indique sur le certificat d'acceptation qui lui est représenté que l'engagement peut être reçu pour ce corps (*Inst.* n° 60).

171. Il mentionne pour les engagés qui demandent

à entrer dans l'artillerie, s'ils sont acceptés pour les batteries montées ou cheval ou pour les batteries à pied (*Ibid.*).

Il date et signe de nouveau le certificat d'acceptation et le remet à l'engagé (*Ibid.*).

DOCTEURS ET ÉTUDIANTS EN MÉDECINE ET PHARMACIE.

172. Les jeunes gens qui ont obtenu le diplôme de docteur en médecine, les étudiants en médecine qui ont satisfait à deux examens de fin d'année, les aspirants au diplôme de pharmacien de première classe qui ont passé avec la note « bien satisfait » les deux premiers examens de fin d'études, sont autorisés à accomplir dans les hôpitaux, pour être employés dans leur spécialité, sous la direction de médecins et de pharmaciens militaires, le temps de service auquel ils sont tenus par leur engagement; mais, comme cet engagement doit être contracté avant le tirage au sort de leur classe, et qu'à cette époque ils n'auraient pas les titres voulus, ils seront reçus à s'engager pour les corps auxquels ils sont aptes (*Inst.* n° 61).

Maintenus, sur leur demande, en sursis, sous les conditions indiquées (*Voy.* n° 233), ils seront, lors de leur mise en route, après avoir justifié de leurs titres, affectés par voie de changement de destination, sur l'ordre du général commandant la subdivision, à une section d'infirmiers militaires (*Ibid.*).

PIÈCES EXIGÉES PAR L'OFFICIER DE L'ÉTAT CIVIL.

173. Les jeunes gens porteurs du certificat d'accep-

tation complété se présentent devant l'officier de l'état civil qui fait par lui-même, ainsi qu'il est dit (n°s 9 à 16 de l'Instruction du 30 novembre 1872), les constatations prescrites (*Inst.* n° 62).

174. Ainsi le maire doit s'assurer par lui-même que l'homme qui demande à s'engager n'est compris dans aucun des cas d'exclusion prévus par l'article 7 de la loi du 27 juillet 1872, et qu'il remplit les conditions voulues par l'article 46 de la même loi.

175. C'est-à-dire, 1° ne pas avoir moins de 18 ans. L'engagé justifie de son âge par un acte de naissance et, à défaut de cette pièce, par un acte de notoriété délivré par le juge de paix du lieu de sa naissance ou par celui de son domicile (*Code civil, art.* 70), ou par un titre produit conformément à l'article 46 du même Code. C'est-à-dire que lorsqu'il n'a pas existé de registres ou qu'ils seront perdus, la preuve en est reçue tant par titres que par témoins, et dans ce cas la naissance peut être prouvée tant par les papiers et registres émanés des père et mère décédés que par témoins (*Inst.* 30 *novembre* 1872, n° 10).

176. 2° Avoir au moins la taille de 1^m 54 (*Inst.* 30 *novembre* 1872, n° 11).

177. 3° Jouir de ses droits civils.

178. L'engagé en justifie par la production du certificat établi ainsi qu'il suit conformément aux prescriptions de l'article 46 de la loi (*Inst.* 30 *novembre* 1871. n° 14).

*Certificat délivré conformément à l'article 46 de la loi
du 27 juillet 1872, au jeune homme qui a déclaré
vouloir servir dans les armées comme engagé volontaire.*

Nous soussigné, maire de la commune d   , canton d   ,
département d
Attestons : 1° que le sieur (*Nom et prenoms de l'homme qui
se présente*), fils d   et d   , domiciliés à   , canton
d   , département d   , né le   , à   canton
d   , département d   (*ainsi qu'il résulte de son acte de
naissance dûment légalisé*), cheveux   , sourcils   ,
yeux   , front   , nez   , bouche   , menton   ,
visage   , teint   (*Indiquer ici les marques particulières*),
taille d'un mètre   centimètres, est (*ou a été*) domicilié dans
la commune d   depuis le (*Mettre la date et le millésime en
toutes lettres*) mil huit cent   jusqu'au (*Mettre la date et
le millésime en toutes lettres*) mil huit cent
2° Qu'il jouit de ses droits civils;
3° Qu'il n'a jamais été condamné à une peine correctionnelle
pour vol, escroquerie, abus de confiance ou attentat aux mœurs.

En foi de quoi nous lui avons délivré le présent certificat.

Fait à   , le   18   .

(*Signature du Maire.*)

Vu pour la légalisation :

Le Préfet du département d

179. Le certificat de bonnes vie et mœurs est
légalisé par le préfet.

180. Toutefois, si l'homme s'engage dans le département où il a sa résidence, cette légalisation n'est
pas indispensable (*Inst.* 30 *novembre* 1872, n° 15).

181. 4° Justifier du consentement des père, mère ou tuteur.

Ce dernier doit être dûment autorisé par une délibération du conseil de famille.

182. Le consentement des père, mère ou tuteur, qu'ils soient présents ou absents, est toujours donné par écrit, et la pièce qui le constate est annexée à la minute de l'acte souscrit par l'engagé; mention, d'ailleurs, est faite dans l'acte d'engagement de l'accomplissement de cette formalité (*Inst.* 30 *novembre* 1872, n° 16).

183. L'engagé volontaire remet au maire le certificat d'acceptation (*Inst.* n° 62).

184. Indépendamment des pièces dont il est fait mention dans l'article 5 du décret du 30 novembre, (c'est-à-dire des pièces authentiques justifiant de l'âge) du certificat de bonnes vie et mœurs et du consentement du père, de la mère ou du tuteur, l'engagé produit:

1° Soit l'un des certificats prescrits à l'article 2 du décret (*Voy.* n° 44), soit le certificat d'admission à l'engagement (Modèle n° 5) (*Voy.* n° 95), délivré par le préfet.

2° La déclaration de versement établie par le préposé de la Caisse des dépôts et consignations (*Inst.* n° 62).

185. Le certificat d'exemption de versement (Modèle n° 10, *Voy.* n° 143), tient lieu de déclaration de versement pour les jeunes gens qui ont obtenu l'exemp-

tion totale; il accompagne cette déclaration pour ceux qui n'ont obtenu qu'une exemption partielle (*Ibid.*).

186. Les engagés écrivent et signent devant le maire et deux témoins la déclaration prescrite par l'article 7 du décret du 30 novembre 1872, c'est-à-dire la déclaration qu'ils ne sont pas liés au service de terre ou de mer, ni comme engagé volontaire ou engagé, ni comme appelé, ni comme inscrit maritime. Cette déclaration reste annexée à la minute de l'article (*Ibid.*).

187. Les deux témoins, conformément à l'article 37 du Code civil, doivent être du sexe masculin, âgés de 21 ans au moins, parents ou autres.

188. Les jeunes gens mariés ou veufs avec enfants sont admissibles à contracter des engagements volontaires d'un an dans les conditions déterminées par la loi du 27 juillet 1872, titre IV, 3ᵉ section.

189. Sont abrogées, en ce qui concerne ces jeunes gens, toutes les dispositions contraires du décret du 1ᵉ décembre 1872 (*Décr.* 30 *janvier* 1873).

190. Il n'y a donc pas lieu de faire déclarer à l'engagé qu'il n'est ni marié ni veuf avec enfants (*Circ. min. guerre*, 4 *février* 1873).

191. L'officier de l'état civil établit ensuite l'acte d'engagement.

192. L'acte d'engagement est ainsi conçu, confor-

mément au modèle n° 2 annexé au décret du 1er décembre 1872, article 10 :

Acte d'engagement conditionnel d'un an.

L'an mil huit cent   , le   , à   heures, s'est
présenté devant nous (*Maire ou adjoint*) de la commune d   ,
chef-lieu du département d

Le sieur (*Nom et prénoms*), âgé d   , exerçant la profession
de   , résidant à   , canton d   , département d   ,
fils d   et de   , domiciliés à   , canton d   ,
département d   , cheveux   , sourcils   ,
front   , yeux   , nez   , bouche   ,
menton   , visage (*Indiquer ici les marques particulières*).
taille d'un mètre   centimètres.

Lequel, assisté du sieur (*Nom et prénoms du premier témoin*),
âgé de   , exerçant la profession de   , domicilié à   ,
canton d   , département d   .

Et du sieur (*Nom et prénoms du deuxième témoin*), âgé de
          , exerçant la profession d   , domicilié à   , canton
d   , département d   , appelés l'un et l'autre comme témoins, conformément à la loi ;

A déclaré vouloir s'engager pour servir dans l (*Indication du
corps choisi par l'engagé. Pour l'artillerie, on indiquera le
numéro du régiment, avec la mention batterie à pied ou batterie
montée ou à cheval*).

A cet effet, il a écrit et signé en notre présence, et il nous a
remis la déclaration portant :

Qu'il n'est lié au service ni comme appelé, ni comme engagé
volontaire ou rengagé, ni comme inscrit maritime.

Cette déclaration restera annexée à la minute de l'acte.

Ledit sieur (*Noms et prénoms de l'engagé*) nous a ensuite
présenté :

1° Un certificat délivré sous la date du   , par (*Nom, grade
et qualité de l'officier signataire du certificat d'acceptation*) et
constatant que ledit sieur (*Nom de l'engagé*) n'est atteint d'aucune infirmité ; qu'il a la taille et les autres qualités requises
pour l (*Désignation du corps. Pour l'artillerie on indiquera si*

le certificat d'acceptation est délivré pour les batteries à pied *ou* montées, *ou* à cheval) dans lequel il demande à entrer ;

2º Son acte de naissance (*Si ce n'est pas un acte de naissance que l'engagé produit, on énoncera le titre qu'il présentera, conformément à l'article 46 du Code civil*) constatant qu'il est né le (*Indication du jour, du mois et de l'année de la naissance en toutes lettres*) à   , canton d   , département d   ;

3º Un certificat de bonne vie et mœurs, délivré sous la date du   , par le maire d (*Indiquer la commune*), conformément à l'article 46 de la loi du 27 juillet 1872, et constatant :

Que ledit sieur (*Nom de l'engagé*) jouit de ses droits civils ;

Qu'il n'a jamais été condamné à une peine correctionnelle pour vol, escroquerie, abus de confiance ou attentat aux mœurs ;

4º (*Si l'engagé a moins de vingt ans, on indiquera le consentement qu'il est tenu de produire conformément à la loi.*)

5º (*On indiquera sous ce numéro le certificat mentionné à l'article 2 du décret (Voy. nº 44) ou le certificat d'admission à l'engagement délivré par le préfet.*)

6º (*On mentionnera la déclaration constatant le versement de la prestation fixée et la date de ce versement ou la décision qui a autorisé l'exemption de versement.*)

Nous, Maire du chef-lieu du département d   , après avoir reconnu la régularité des pièces produites par le sieur (*Nom de l'engagé*) lui avons donné lecture :

1º Des articles 1ᵉʳ, 14 et 15 du décret du 1ᵉʳ décembre 1872 ;

2º Des articles 7 et 56 et des paragraphes numérotés 2, 4, 5 et 6 de l'article 46 de la loi du 27 juillet 1872 ;

3º Des articles 13 et 14 du décret du 30 novembre 1872, relatif aux engagements volontaires, lesquels ordonnent de poursuivre comme insoumis ceux qui ne se rendent pas à leur destination dans les délais prescrits ;

4º Du dernier paragraphe de l'article 3 du même décret, aux termes duquel les engagés volontaires peuvent toujours être changés de corps et d'arme lorsque l'intérêt et les besoins du service l'exigent.

Après quoi, nous avons reçu l'engagement du sieur (*Nom et prénoms de l'engagé*).

Lequel a promis :

1º De servir avec fidélité et honneur pendant un an dans l'armée active suivant les conditions déterminées dans l'article 56 de la loi du 27 juillet 1872 et dans l'article 14 du décret du 1er décembre suivant :

2° De se soumettre, après l'expiration de son engagement, à toutes les obligations du service, tant dans l'armée active et la disponibilité que dans la réserve de l'armée active, imposées aux engagés volontaires d'un an par l'article 56 précité.

Lecture faite audit sieur (*Nom et prénoms de l'engagé*) et aux deux témoins ci-dessus dénommés, du présent acte, ils ont signé avec nous (*Si les témoins ne peuvent signer, il sera fait mention de la cause qui les empêchera, conformément à l'article 39 du Code civil*).

TEXTES A LIRE A L'ENGAGÉ.

193. Voici les textes dont le maire donne lecture à l'engagé. Il lui donne aussi lecture de l'acte d'engagement (*Décret 1er décembre* 1872, *art.* 11).

194. *Décret du 1er décembre* 1872, *art.* 1er. — Tout Français qui veut contracter un engagement conditionnel d'un an pour servir dans l'armée dé terre, doit :

1° Réunir les conditions indiquées par les paragraphes numérotés 2°, 4°, 5° et 6° de l'article 46 de la loi du 27 juillet 1872 (*Voy.* n° 24) ;

2° Être sain, robuste et bien constitué ;

3° N'avoir pas concouru au tirage au sort ;

4° N'être pas lié au service dans les armées de terre ou de mer ;

5° Avoir, selon le corps où il servira, la taille fixée dans le tableau n° 1 joint au présent décret, et réunir les conditions d'aptitude énoncées dans ledit tableau (*Voir* ce tableau n° 33) ;

6° Se trouver dans l'un des cas mentionnés par l'article 53 de la loi du 27 juillet 1872, ou avoir satisfait aux examens prévus par l'article 54 ;

7° Avoir rempli les obligations résultant du premier alinéa de l'article 55 (*Voy*. n° 99).

195. *Loi du* 27 *juillet* 1872, *art*. 7. — Nul n'est admis dans les troupes françaises s'il n'est Français.

Sont exclus du service militaire et ne peuvent à aucun titre servir dans l'armée.

1° Les individus qui ont été condamnés à une peine afflictive ou infamante.

2° Ceux qui, ayant été condamnés à une peine correctionnelle de deux ans d'emprisonnement et au-dessus, ont en outre été placés par le jugement de condamnation sous la surveillance de la haute police, et interdits en tout ou en partie des droits civiques, civils ou de famille.

196. *Art*. 56. — L'engagé volontaire d'un an est incorporé et soumis à toutes les obligations de service imposées aux hommes présents sous les drapeaux.

Il est astreint aux examens prescrits par le ministre de la guerre.

Si, après un an de service, l'engagé volontaire d'un an ne satisfait pas à ces examens, il est obligé de rester une seconde année au service, aux conditions déterminées par le règlement prévu par l'article 53.

Si, après cette seconde année, l'engagé volontaire ne satisfait pas à cet examen, il est, par décision du ministre de la guerre, déclaré déchu des avantages réservés aux volontaires d'un an, et il reste soumis aux mêmes obligations que celles imposées aux hommes de la première partie de la classe à laquelle il appartient par son engagement.

Il en est de même pour le volontaire qui, pendant la première ou la seconde année, a commis des fautes graves contre la discipline.

Dans tous les cas, le temps passé dans le volontariat compte en déduction de la durée du service prescrite par l'article 36 de la présente loi.

En temps de guerre, l'engagé volontaire d'un an est maintenu au service.

En cas de mobilisation, l'engagé volontaire d'un an marche avec la première partie de la classe à laquelle il appartient par son engagement.

197. *Décret du* 10 *novembre* 1872, *article* 13. — L'engagé se rend directement à son corps. Il est tenu de s'y présenter dans les délais fixés par son ordre de route.

Art. 14. — Si, un mois après le jour où l'engagé volontaire devait arriver au corps, il n'y a point paru, il est, à moins de motifs légitimes, poursuivi comme insoumis, conformément aux dispositions de l'article 61 de la loi, et puni d'un emprisonnement d'un mois à un an en temps de paix, et de deux à cinq ans en temps de guerre. Dans ce dernier cas, à l'expiration de sa peine, il est envoyé dans une compagnie de discipline.

198. *Art.* 3 (dernier paragraphe).—Il (l'engagé volontaire) peut toujours être changé de corps et d'arme, lorsque l'intérêt ou les besoins du service l'exigent.

199. Les certificats et autres pièces produites par l'engagé restent annexés à la minute de l'acte d'engagement (*Décr.* 1ᵉʳ *décembre* 1872, *art.* 11).

200. Copie de l'acte d'engagement est remise à l'engagé (*Décr.* 30 *novembre* 1872, *art.* 12 ; *Inst.* nº 63).

FORMALITÉS A REMPLIR APRÈS L'ACTE D'ENGAGEMENT.

201. Aussitôt après leur engagement, les jeunes gens doivent, sauf ceux qui demandent des sursis d'appel se rendre chez le sous-intendant militaire qui leur délivre une feuille de route individuelle (*Circ.* 19 *janvier* 1873).

202. La mise en route des engagés conditionnels d'un an aura lieu le 5 novembre pour l'année 1874 (*Décis. min.* 19 *janvier* 1874).

203. L'engagé se rend directement à son corps. Il est tenu de s'y présenter dans les délais fixés par son ordre de route (*Décr.* 30 *novembre* 1872, *art.* 13).

Si un mois après le jour où l'engagé volontaire devait arriver au corps, il n'y a point paru, il est, à moins de motifs légitimes, poursuivi comme insoumis, conformément aux dispositions de l'article 61 de la loi du 27 juillet 1872 (*Voy.* nº 197).

204. En temps de guerre, les noms des insoumis sont affichés dans toutes les communes du canton de leur domicile; ils restent affichés pendant toute la durée de la guerre (*Loi* 27 *juillet* 1872, *art.* 61).

205. Ces dispositions sont applicables à tout engagé volontaire qui, sans motifs légitimes, n'est pas arrivé à sa destination dans le délai fixé par sa feuille de route (*Ibid.*).

206. Le maire fait parvenir au commandant du dépôt de recrutement la copie de l'acte d'engagement (*Inst.* n° 64).

207. Le commandant du dépôt de recrutement tient, au moyen des copies d'actes d'engagement, le contrôle modèle n° 9 et envoie au corps la copie de l'acte d'engagement avec le bulletin (Modèle n° 10) annexés à l'instruction du 30 novembre 1872 (*Inst.* n° 64).

JEUNES SOLDATS ASSIMILÉS AUX ENGAGÉS D'UN AN.

208. Si au moment où les jeunes gens se présentent pour contracter un engagement d'un an, ils ne sont pas reconnus propres au service, ils sont ajournés et ne peuvent être incorporés que lorsqu'ils remplissent toutes les conditions voulues (*Loi 27 juillet* 1872, *art.* 54, § 3).

209. Les jeunes gens qui, par suite d'inaptitude au service militaire, n'ont pu, dans l'année qui précède le tirage au sort de leur classe, contracter l'engagement conditionnel d'un an, sont susceptibles, s'ils sont déclarés aptes au service par le conseil de révision, d'être admis aux mêmes avantages que les engagés conditionnels d'un an (*Décr.* 1er *décembre* 1872, *art.* 12).

210. Les jeunes gens qui réclament l'application de l'article 12 du décret adressent leur demande au général commandant le département où ils ont tiré au sort, lequel s'assure : 1° qu'ils sont inscrits sur les listes de leur classe; 2° qu'ils ont réclamé, dans l'année qui précède l'époque où ils ont tiré au sort, le certificat d'acceptation de l'autorité militaire pour être admis à contracter l'engagement conditionnel d'un an ; 3° qu'ils n'ont pas été, à ce moment, reconnus propres au service; 4° qu'ils étaient alors pourvus, s'ils se présentent dans les conditions de l'article 53 de la loi, de l'un des titres mentionnés à l'article 2 du décret (*Voy.* n° 44) (*Inst.* n° 65).

211. Le général, après cette constatation et après s'être fait présenter le certificat de bonnes vie et mœurs prescrit par l'article 46 de la loi du 27 juillet 1872 (*Voy.* n° 178), délivre aux intéressés un certificat dont voici le modèle (n° 11 annexé à l'instruction du 1ᵉʳ décembre 1872) (*Inst.* n° 66) :

Jeune soldat assimilé aux engagés conditionnels
d'un an.

Le sieur (*Nom et prénoms*) fils d   , et d   , domiciliés à   , canton d   , département d   , né le   , à   , canton d   , département d   , résidant à   , canton d   , département d   (*Affecté ou incorporé au (indication du corps*), qui n'a pas été reconnu propre au service militaire dans l'année 18   , sera, en conséquence de la décision du conseil de révision du département d   , assimilé aux engagés conditionnels d'un an, après avoir rempli les obligations que la loi impose à ces engagés.

A   , le   18 .

Le général commandant la subdivision de la division militaire.

212. Ce certificat leur confère la qualité de jeunes soldats assimilés aux engagés volontaires d'un an, à la condition qu'ils satisferont aux obligations imposées aux engagés conditionnels par l'article 55 de la loi. (versement de la prestation, et par l'article 54, s'il y a lieu (admission à l'examen professionnel, *voy.* n° 55) (*Inst.* n° 66).

213. Les jeunes gens susceptibles d'obtenir un certificat n'en sont pas moins jeunes soldats. Ils sont donc mis en route avec leur classe, si la date de cette mise en route est antérieure à l'appel des volontaires de l'année (*Inst.* n° 67).

214. Une fois incorporés, les jeunes gens de cette catégorie, placés dans les conditions de l'article 54 de la loi, font parvenir au préfet du département dans lequel ils tiennent garnison, par la voie du conseil d'administration de leur corps, une demande d'admission à l'examen (*Inst.* n° 68).

215. Cette demande, adressée dans la forme et aux époques prescrites pour les volontaires d'un an, est accompagnée du certificat délivré par le général (*Ibid.*).

216. Les jeunes gens qui ont satisfait à l'examen reçoivent du préfet le certificat d'admission (Modèle n° 5, *voy.* n° 95) et le bulletin indicatif (Modèle n° 6, *voy.* n° 97) (*Ibid.*).

217. Pour obtenir l'exemption du versement, ils s'adressent au préfet par l'intermédiaire des conseils d'administration.

Il est procédé, à l'égard de ces demandes, comme il

est dit à l'article 8 du décret (*Voy.* n° 128), c'est-à-dire sur l'avis des conseils municipaux et de la commission permanente du conseil général.

218. Les jeunes gens qui sont dans les conditions de l'article 53 de la loi, c'est-à-dire admis au volontariat sans examen, de plein droit, demandent au préfet, par l'intermédiaire du conseil d'administration de leur corps, le bulletin indicatif de versement. Le conseil atteste sur la demande que ces jeunes gens sont porteurs du certificat modèle n° 11 (*Voy.* n° 211) (*Inst.* n° 69).

219. Pour le versement et la délivrance des pièces destinées à le constater, il y a lieu de se conformer aux prescriptions des articles 4 et 5 du décret (*Voy.* n° 99 et suiv.) (*Inst.* n° 70).

220. Ainsi qu'il est prescrit aux n° 38 et 39 de l'Instruction du 1er décembre 1872, les récépissés sont conservés après le visa par les préfets, ou, dans le département de la Seine, par le directeur général de la Caisse des dépôts et consignations (*Voy.* n° 111) (*Ibid.*).

221. Ils sont adressés au ministère de la guerre (bureau des fonds et ordonnances) en même temps et de la même manière que les récépissés des engagés conditionnels de l'année (*Ibid.*).

222. La déclaration de versement, le certificat modèle n° 5 constatant la réception aux examens délivré par le préfet ou l'un des titres mentionnés à l'article 5 du décret, c'est-à-dire un des titres dispensant d'examen et rendant admissible de plein droit au volonta-

riat), ainsi que le certificat délivré par le général sont
remis par les jeunes gens au conseil d'administration
du corps (*Ibid.*).

223. Au reçu de ces pièces, le conseil d'administration annote l'homme comme assimilé aux engagés
conditionnels d'un an, et en donne avis par un bulletin
au commandant du dépôt de recrutement du département où le versement a eu lieu (*Inst.* n° 71).

224. L'assimilé est inscrit, par les soins de cet
officier, sur le contrôle (*Voy.* n° 207) des engagés conditionnels du département avec la mention : «Assimilé
aux engagés conditionnels » (article 12 du décret). Il
est compris sur l'état des hommes incorporés adressé
au préfet (*Ibid.*).

225. Il peut arriver que l'appel des jeunes gens de
la classe, au lieu de précéder la mise en route des
engagés conditionnels de l'année, soit postérieur à
cette mise en route, et que les jeunes soldats qui
peuvent réclamer le bénéfice de l'art. 12 du décret
(*Voy.* n° 208 et suivants), se trouvent dans leurs foyers
au moment où ont lieu les diverses opérations relatives au volontariat d'un an, examen et versement
(*Inst.* n° 72).

226. Dans ce cas, les jeunes soldats dont il s'agit,
après s'être procuré le certificat modèle n° 11 (*Voy.*
n° 211), adressent directement au préfet les diverses
demandes prévues aux n°ˢ 214 et 218 (*Ibid.*).

227. La déclaration de versement, le certificat modèle n° 5 (*Voy.* n° 65), ou le titre universitaire, ainsi

que le certificat modèle n° 11 (*Voy.* n° 211), sont remis au commandant du dépôt de recrutement. Cet officier annote ces jeunes soldats comme présents sur le registre matricule prescrit par l'art. 33 de la loi, c'est-à-dire le registre · sur lequel sont portés tous les jeunes gens qui n'ont pas été déclarés impropres à tout service militaire, ou qui n'ont pas été ajournés à un nouvel examen du conseil, et sur lequel est mentionnée l'incorporation de chaque homme inscrit ou la position dans laquelle il est laissé, et successivement tous les changements qui peuvent survenir dans sa situation, jusqu'à ce qu'il passe dans l'armée territoriale.

Il les annote de même sur le contrôle des engagés conditionnels, conformément à la règle tracée par le n° 224 (*Inst.* n° 72).

228. Ces dispositions sont applicables, alors même que la mise en route de la classe a précédé l'appel des volontaires de l'année, aux jeunes gens placés dans les conditions de l'art. 53 de la loi, et susceptibles d'être assimilés aux engagés d'un an, qui n'ont pas terminé les études de la faculté ou des écoles auxquelles ils appartiennent (*Ibid.*).

229. Ces jeunes gens reçoivent, sur leur demande, un sursis de départ pour attendre dans leurs foyers l'époque fixée pour les versements des engagés conditionnels de l'année. Ce sursis est d'ailleurs échangé, après le versement, contre celui dont il est parlé dans l'art. 13 du décret (*Voy.* n° 238) (*Ibid.*).

230. Les jeunes soldats assimilés aux engagés conditionnels d'un an, bien qu'ils comptent leur service

du 1ᵉʳ juillet de l'année où ils tirent au sort, sont tenus de rester sous les drapeaux le temps qu'y passent les engagés conditionnels de l'année ; ils sont envoyés en même temps qu'eux dans la disponibilité (*Inst*. n° 73).

231. Par le fait, d'ailleurs, qu'ils sont assimilés aux engagés conditionnels d'un an, ces jeunes soldats doivent remplir tous les devoirs et supporter toutes les charges qui incombent à ces engagés, comme ils jouissent de tous les avantages qui leur sont réservés (*Voy*. n° 267) (*Inst*. n° 74).

232. L'engagé conditionnel réformé avant son incorporation, et qui ultérieurement a été reconnu propre au service par le conseil de révision, est, sur sa demande, assimilé aux engagés d'un an, à charge de faire de nouveau le versement de la prestation fixée (*Inst*. n° 75).

SURSIS DE DÉPART.

233. Dans l'année qui précède l'appel de leur classe, les jeunes gens mentionnés dans l'art. 53, qui n'auraient pas terminé les études de la faculté ou des écoles auxquelles ils appartiennent, mais qui voudraient les achever dans un laps de temps déterminé, peuvent, tout en contractant l'engagement d'un an, obtenir de l'autorité militaire un sursis avant de se rendre au corps pour lequel ils sont engagés. Le sursis peut leur être accordé jusqu'à l'âge de 24 ans accomplis (*Loi 27 juill. 1872, art. 57*).

234. En accordant des sursis aux engagés d'un an qui n'ont pas terminé leurs études, la loi exige que ces engagés se trouvent dans les conditions de l'art. 53 de la loi (*Voy.* n° 44), et que leur engagement ne soit pas contracté avant l'année qui précède l'appel de leur classe (*Inst.* n° 76).

235. Ils sont disponibles en cas de guerre (*Décr.* 1ᵉʳ *décembre* 1872, *art.* 13).

236. Les demandes de sursis doivent être adressées au général commandant la subdivision, immédiatement après l'engagement (*Inst.* n° 77).

237. Elles sont accompagnées d'un certificat délivré par le doyen de la faculté à laquelle les engagés appartiennent, ou par le directeur des écoles dont ils suivent les cours. Ce certificat, outre l'attestation que les jeunes gens ont commencé leurs études, fait connaître la durée du sursis qui leur est nécessaire pour les achever (*Inst.* n° 78).

238. Le général commandant la subdivision délivre un titre de sursis conforme au modèle suivant (Modèle n° 12), et en informe le commandant du dépôt de recrutement (*Inst.* n° 79).

Sursis de départ.

Le général commandant la subdivision accorde au sieur (*Nom et prénoms de l'engagé*), fils de   et de   , domiciliés à   canton d   , département d   , né le   , à   , canton d   , département d   , engagé conditionnel d'un an, à la date du   , un sursis de départ de   , pour continuer ses études.

Le sieur (*Nom et prénoms de l'engagé*) devra, sous peine de perdre le bénéfice de son sursis, produire chaque année, dans le courant du mois de novembre, au commandant du dépôt de recrutement d   un certificat délivré par le doyen de la faculté ou par le directeur de l'école à laquelle il appartient, attestant qu'il est toujours en cours d'études (N° 81 de l'Instruction du 1er décembre 1872).

A l'expiration du sursis qui lui est accordé, le sieur (*Nom et prénoms de l'engagé*) se présentera devant le commandant du dépôt de recrutement d   pour être mis en route.

A   , le   18   .

239. Les engagés qui ont obtenu des sursis sont inscrits sur une liste tenue par le commandant du dépôt de recrutement. Elle comprend tous les engagés conditionnels qui n'ont pas été incorporés définitivement après leur engagement (*Inst.* n° 80).

240. L'engagé qui a obtenu un sursis est tenu de produire chaque année, pendant le mois de novembre, au commandant du dépôt de recrutement, un certificat délivré par le doyen de la faculté ou par le directeur de l'école à laquelle il appartient, attestant qu'il est toujours en cours d'études (*Inst.* n° 81).

241. Faute d'avoir produit ce certificat, il est mis en route avec les engagés conditionnels de l'année (*Ibid.*).

242. Les sursis mentionnés à l'article 13 du décret, peuvent être renouvelés par l'autorité militaire jusqu'à ce que l'engagé ait accompli sa vingt-quatrième année, mais ils ne sauraient dépasser cette limite (*Inst.* n° 82).

4

243. L'engagé maintenu en sursis, qui a vingt-quatre ans, est mis en route avec les engagés conditionnels de l'année (*Ibid.*).

244. Les engagés conditionnels qui ont obtenu un sursis peuvent être tenus, quel que soit leur âge, de rester une deuxième année sous les drapeaux, en conformité de l'art. 56 de la loi.

Si par application de ce même article, ils viennent à être déchus des avantages réservés aux engagés conditionnels, ils accomplissent dans l'armée active le temps de service qui a été imposé aux hommes de la première portion de la classe à laquelle ils appartiennent par leur engagement. Cette obligation ressort d'ailleurs des termes de l'acte qu'ils ont souscrit (*Inst.* n° 83).

245. La loi du 27 juillet 1872 accorde aussi des sursis aux jeunes gens autres que ceux mentionnés en l'article 53.

246. En temps de paix, il peut être accordé des sursis d'appel aux jeunes gens qui, avant le tirage au sort, en auront fait la demande.

A cet effet, ils doivent établir que, soit pour leur apprentissage, soit pour les besoins de l'exploitation agricole, industrielle ou commerciale à laquelle ils se livrent pour leur compte ou pour celui de leurs parents, il est indispensable qu'ils ne soient pas enlevés immédiatement à leurs travaux. Ce sursis d'appel ne confère ni exemption ni dispense. Il n'est accordé que pour un an, et peut être néanmoins renouvelé pour une seconde année.

Le jeune homme qui a obtenu un sursis d'appel conserve le numéro qui lui est échu lors du tirage au sort, et, à l'expiration de son sursis, il est tenu de satisfaire à toutes les obligations que lui imposait la loi en raison de son numéro (*Loi du 27 juillet 1872, art. 23*).

247. Les demandes de sursis adressées au maire sont instruites par lui; le conseil municipal donne son avis. Elles sont remises au conseil de révision et envoyées par duplicata au sous-préfet, qui les transmet au préfet, avec ses observations, et il y joint tous les documents nécessaires.

Il peut être accordé pour tout le département et par chaque classe, des sursis d'appel jusqu'à concurrence de quatre pour cent du nombre de jeunes gens reconnus propres au service militaire dans ladite classe et compris dans la première partie des listes du recrutement cantonal (*Art. 24, même loi*).

248. Les jeunes gens auxquels il est accordé des sursis d'appel sont astreints par un règlement du ministre de la guerre à certains exercices (*Art. 25, même loi*).

249. Les jeunes gens qui ont obtenu des sursis d'appel, sont appelés, en cas de guerre, comme les hommes de leur classe. L'autorité militaire en dispose alors selon les besoins des différents services (*Art. 26, même loi*).

MISE EN ROUTE DES ENGAGÉS CONDITIONNELS.

250. Les engagés conditionnels d'un an sont mis en route à la date fixée par le ministre.

251. Pour cette année, 1874, elle a été fixée au 5 novembre.

252. Le temps qu'ils doivent passer dans le service actif ne court qu'à partir de cette date.

253. Ceux qui ne se rendraient pas à leurs corps dans les délais prescrits seront poursuivis pour insoumission, et en cas de condamnation, déchus des avantages réservés aux volontaires d'un an (*Décret* 1er *décembre* 1872, *art.* 14).

254. Les nécessités de l'instruction spéciale à donner aux engagés conditionnels d'un an exigent qu'il y ait une seule date pour leur mise en route et une seule pour leur départ du corps (*Inst.* n° 84).

255. Afin d'éviter les pertes de temps et les dépenses qu'occasionnerait une nouvelle réunion des jeunes gens au chef-lieu du département, les engagés volontaires d'un an partent isolément de leur résidence pour leur corps, à la date indiquée sur leur feuille de route, de manière à être rendus à destination au jour également fixé par ladite feuille (*Circ.* 19 *janvier* 1873).

256. C'est seulement à leur arrivée au corps qu'ils reçoivent, par dérogation à l'article 73 du règlement du 12 juin 1867, l'indemnité de route à laquelle ils ont droit (*Ibid.*).

257. L'année entière doit être passée sous les drapeaux. Aussi le temps de service ne commence-t-il qu'à partir de la mise en route (*Inst.* n° 85).

258. Quant au temps qui s'écoule entre le jour de l'engagement et celui de la mise en route, il

compte en déduction du temps que les jeunes gens ont à passer dans la disponibilité ou dans la réserve de l'armée active (*Ibid.*).

259. Les engagés atteints, au moment de la mise en route, d'une maladie dûment constatée qui, dans un délai d'un mois, n'ont pu être dirigés sur leur corps sont ajournés à l'année suivante en vertu d'un sursis délivré par l'autorité militaire (*Inst.* n° 86).

260. Après la mise en route des engagés conditionnels d'un an, le commandant du dépôt de recrutement adresse pour chacun d'eux au corps sur lequel ils ont été dirigés un bulletin conforme au modèle n° 10 joint au décret du 30 novembre 1872 (*Inst.* n° 87).

261. Les chefs de corps, aussitôt après l'incorporation des engagés, font connaître au commandant du dépôt de recrutement, en lui renvoyant le bulletin mentionné ci-dessus, la date de l'arrivée et le numéro matricule de l'engagé. Ils signalent les engagés qui ne se sont pas présentés (*Inst.* n° 88).

262. Il est essentiel qu'ils ne mettent aucun retard dans le renvoi du bulletin, pour que le commandant du dépôt de recrutement puisse promptement informer le préfet des incorporations (*Ibid.*).

263. Si, dans le délai d'un mois, l'engagé ne s'est pas présenté, et s'il n'a pas justifié de motifs qui peuvent l'en avoir empêché, la copie de son acte d'engagement, adressée au corps en conformité du n° 64 de l'Instruction (*Voy.* n° 207), est renvoyée au commandant du dépôt de recrutement (*Inst.* n° 89).

4.

INSOUMISSION.

264. Le commandant du dépôt de recrutement signale, s'il y a lieu, l'engagé comme insoumis (*Inst.* n° 90).

265. L'engagé condamné pour insoumission est, par le fait seul de cette condamnation et sans être l'objet d'une décision du ministre, déchu du bénéfice du volontariat d'un an et replacé dans les conditions des hommes de la première partie de la classe à laquelle il appartient par son engagement (*Inst.* n° 91).

266. Les commandants des dépôts de recrutement et les fonctionnaires de l'intendance désignés en Algérie pour le service du recrutement adressent au ministère de la guerre (bureau du recrutement), quarante jours après la mise en route, un compte rendu des opérations relatives aux engagés conditionnels d'un an (*Inst.* n° 92).

INCORPORATION ET SERVICE DE L'ENGAGÉ CONDITIONNEL.

267. L'engagé volontaire d'un an est incorporé et soumis à toutes les obligations du service imposées aux hommes présents sous les drapeaux (*Loi 27 juillet* 1872, *art.* 56).

268. Il est astreint aux examens prescrits par le ministre de la guerre (*Ibid.*).

269. Si, après un an de service, l'engagé volontaire d'un an ne satisfait pas à ces examens, il est obligé de rester une seconde année au service (*Ibid.*).

270. Si, après cette seconde année, l'engagé volontaire ne satisfait pas à ces examens, il est, par décision du ministre de la guerre, déclaré déchu des avantages réservés aux volontaires d'un an, et il reste soumis aux mêmes obligations que celles imposées aux hommes de la première partie de la classe à laquelle il appartient par son engagement (*Ibid.*).

271. Il en est de même pour le volontaire qui, pendant la première ou la seconde année, a commis des fautes graves et répétées contre la discipline.

Dans tous les cas, le temps passé dans le volontariat compte en déduction de la durée du service prescrite par l'article 36 de la présente loi (5 ans dans l'armée active, 4 ans dans la réserve de l'armée active, 5 ans dans l'armée territoriale et 6 ans dans la réserve de l'armée territoriale) (*Ibid.*).

272. En temps de guerre, l'engagé volontaire d'un an est maintenu au service (*Ibid.*).

273. En cas de mobilisation, l'engagé volontaire d'un an marche avec la première partie de la classe à laquelle il appartient par son engagement (*Ibid.*).

274. Après que les engagés volontaires d'un an ont satisfait à tous les examens exigés par l'article 56 (*Voy.* n° 267), ils peuvent obtenir des brevets de sous-officiers ou des commissions au moins équivalentes (*Loi 27 juillet* 1872, *art.* 58).

ENVOI EN DISPONIBILITÉ.

275. Lorsque les engagés conditionnels d'un an ont accompli leur temps de service, ils sont envoyés en

disponibilité dans leurs foyers (*Décret du 1er décembre* 1872, *art.* 15).

276. Ils sont inscrits sur les contrôles du département où ils ont leur domicile légal (*Inst.* n° 93).

277. L'administration devant toujours connaître le lieu où ils se trouvent, ils sont soumis, quant aux déclarations à faire, aux obligations des articles 34 et 35 de la loi, s'ils veulent changer de domicile (*Ibid.*).

Voici ces articles :

278. Tout homme inscrit sur le registre matricule qui change de domicile est tenu d'en faire la déclaration à la mairie de la commune qu'il quitte et à la mairie du lieu où il vient s'établir. Le maire de chacune des communes transmet, dans les huit jours, copie de ladite déclaration au bureau du registre matricule de la circonscription dans laquelle se trouve la commune (*Loi du* 27 *juillet* 1872, *art.* 34).

279. Tout homme inscrit sur le registre matricule qui entend se fixer en pays étranger, est tenu, dans sa déclaration à la mairie de la commune où il réside, de faire connaître le lieu où il va établir son domicile, et dès qu'il y est arrivé, d'en prévenir l'agent consulaire de France. Le maire de la commune transmet, dans les huit jours, copie de ladite déclaration au bureau du registre matricule de la circonscription dans laquelle se trouve sa commune. L'agent consulaire, dans les huit jours de la déclaration, en envoie copie au ministre de la guerre (*Art.* 35, même loi).

280. Les engagés conditionnels d'un an ne confèrent à leurs frères que la dispense prévue par le

paragraphe numéroté 5 de · l'article 17 de la loi du 27 juillet 1872, lequel est ainsi conçu :

281. Est dispensé du service d'activité en temps de paix celui dont un frère sera mort en activité de service ou aura été réformé ou admis à la retraite pour blessures reçues dans un service commandé ou pour · infirmités contractées dans les armées de terre et de mer (*Décret* 1er *décembre* 1872, *art.* 16).

282. Ce droit est excusivement applicable aux enfants légitimes (*Circ. min. guerre*, 26 *janvier* 1873).

RÉSERVE. — ARMÉE TERRITORIALE.

283. Les engagés conditionnels d'un an, qui, après l'année de service exigée par l'article 56 de la loi du 27 juillet 1872, ont satisfait à tous les examens prescrits et ont obtenu des brevets de sous-officiers ou une commission pour un des services de l'armée, restent en disponibilité, passent ensuite dans la réserve et dans l'armée territoriale, pendant le temps prescrit par la loi (*Voy.* 271).

284. Ils sont, à cet effet, d'avance immatriculés dans les corps, ou affectés aux services auxquels ils sont destinés et reçoivent, en entrant dans la disponibilité, un titre qui leur fait connaître le corps ou le service qu'ils doivent rejoindre s'ils sont rappelés (*L.* 24 *juillet* 1873, *art.* 37).

GRADES. — BREVETS DE SOUS-LIEUTENANT AUXILIAIRE. — COMMISSION ÉQUIVALENTE.

285. Les engagés conditionnels d'un an qui. ont satisfait aux examens prescrits par l'article 56 de la

loi du 27 juillet 1872, peuvent, en restant une année
de plus, soit dans l'armée active, soit dans une école
désignée par le ministre de la guerre, et après avoir
subi les examens déterminés, obtenir un brevet de
sous-lieutenant auxiliaire ou une commission équi-
valente et être placés avec leur grade, selon les besoins
de l'armée, dans la disponibilité ou la réserve de l'armée active, et, après le temps voulu par la loi, dans
l'armée territoriale.

286. Ils sont immatriculés comme officiers dans les
corps ou services du corps d'armée auxquels ils sont
attachés; mention en est faite sur leur brevet ou
commission (*Art.* 38, même loi).

287. Les engagés conditionnels d'un an, qui ont
satisfait aux examens prescrits par l'article 56 de la loi
du 27 juillet 1872, et qui veulent compléter cinq
années de service dans l'armée active, peuvent y être
autorisés.

288. Ceux qui, conformément à l'article 58 de ladite
loi, ont obtenu un brevet de sous-officier, conservent
alors, au titre de l'armée active leur grade et concourent pour l'avancement dans les corps dont ils font
partie (*Art.* 39, même loi).

289. Les officiers auxiliaires, les officiers de l'armée
territoriale sont, pendant la durée de leur présence
sous les drapeaux, considérés comme étant en activité; mais ils ne peuvent se prévaloir des grades qu'ils
ont occupés ou obtenus pendant ce temps, pour
être maintenus dans l'armée active.

290. Toutefois, ceux qui jouissaient d'une pension
de retraite peuvent faire réviser leur pension.

291. Sous le rapport de la médaille militaire, de la croix de la Légion d'honneur, obtenues par eux pendant qu'ils sont sous les drapeaux, de même que sous le rapport des pensions pour infirmités et blessures, ils jouissent de tous les droits attribués aux militaires de même grade dans l'armée active (*Art. 40, même loi*).

DISPOSITIONS TRANSITOIRES.

292. Les jeunes gens de la classe de 1872, et des classes suivantes, présents sous les drapeaux à la date du 1ᵉʳ décembre 1872 comme engagés volontaires et qui n'auraient pas conféré l'exemption à leurs frères peuvent, aux termes du 3ᵉ alinéa de l'article 75 de la loi du 27 juillet 1872, être admis aux avantages de l'engagé conditionnel (*Inst.* n° 94).

293. Ceux qui se trouvent dans les conditions de l'article 54 de la loi demandent à subir l'examen aux époques et dans les formes prescrites par les jeunes gens qui veulent contracter l'engagement conditionnel (*Inst.* n° 95).

294. La demande, écrite sur papier libre, est adressée par le conseil d'administration au préfet du département où les jeunes gens sont en garnison (*Circ. min. 3 novembre* 1872).

295. Ils joignent à leur demande un état signalétique et de services sans être astreints à fournir d'autres pièces (*Inst.* n° 95).

296. Ils reçoivent, quand ils ont satisfait à l'examen, le bulletin indicatif de la somme à verser (*Ibid.*).

297. Ceux qui se trouvent dans les conditions de l'article 53; c'est-à-dire qui n'ont pas, à cause de leurs titres ou de leurs diplômes, d'examens à subir, produisent pour obtenir du préfet le bulletin modèle n° 6, outre l'état signalétique, l'un des titres spécifiés à l'article 2 du décret (*Inst.* n° 96).

298. L'état signalétique et de services ne peut être refusé par les conseils d'administration du corps que pour des fautes graves et répétées contre la discipline (*ibid.*).

299. Pour le versement, ces jeunes gens se conforment aux règles prescrites en ce qui concerne les militaires assimilés aux engagés conditionnels (*Voy.* n° 219). Les déclarations de versement et les récépissés qui leur ont été délivrés reçoivent la destination indiquée au même numéro (*Inst.* n° 97).

300. Ces jeunes gens sont de même inscrits par le commandant du dépôt de recrutement sur le contrôle des engagés conditionnels, avec la mention : assimilés aux engagés conditionnels d'un an (Article 75 de la loi) (*Inst.* n° 98).

301. Les militaires que concerne l'article 75 de la loi sont exactement dans les mêmes conditions que les jeunes soldats assimilés aux engagés conditionnels d'un an. Les prescriptions relatives à ces jeunes soldats (*Voy.* n° 208) leur sont donc applicables (*Inst.* n° 99).

FIN

Clichy. — Imp. Paul Dupont, rue du Bac-d'Asnières, 12. (489, 3-4.)